Gestaltung und Foto: G. Lacroix
printed in Spain by IHASA
ISBN 3-88141-012-0

Von Mordillo erschienen
im Friedrich W. Heye Verlag

Cartoons/Opus 1
Cartoons/Opus 2
Mordillo Giraffenparade
Happy Mordillo, Posterkalender
Mordillo Date Book, Terminkalender
Mordillo Crazy Zoo, Kalender

a José Luis Salinas
y Eduardo Ferro

mordillo FOOTBALL

Heye

mordillo
FOOTBALL

Fußball, das ist mein Leben. Der Lederball hat mein Schicksal bestimmt, meine Existenz und meine Karriere. Verständlich, daß ich mich brennend für alles interessiere, was mit Fußball zusammenhängt.

Als ich zum ersten Mal die Blätter dieses Buches betrachtete, wurde mir ganz deutlich, was ich schon lange gespürt hatte: Fußball ist nicht nur Kampf und Leidenschaft, Fußball kann auch eine Quelle tiefgründigen Humors sein. Bei jeder Zeichnung empfand ich eine ähnliche Freude wie bei einem Torschuß.

Mordillo ist für mich der große Künstler, der die heitere Seite unseres faszinierenden Spiels entdeckt und kongenial dargestellt hat. Er sieht den grünen Rasen zwischen den Toren als Aktions- und Experimentierfeld des Menschlichen. Das macht den doppelbödigen, nachdenklich stimmenden, aber immer von der heiteren Einsicht ins Wesen des Spiels und seiner Akteure bestimmten Humor dieses Buches aus. Er bewirkt befreiendes und nicht bitteres Lachen. Wozu auch der Umstand beiträgt, daß Mordillo – der Dribbelkünstler des Zeichenstifts – so viel von Fußball versteht. Er ist in Argentinien geboren, wo Fußball zur Leidenschaft wird, genau wie in Brasilien, in meiner Heimat.

Ich hoffe, daß dieses Buch zu einer Botschaft der Freude und des Friedens in der Welt wird.

Mordillo hat mit diesem Buch ins Tor getroffen und bestimmt einen World Cup verdient. Nun aber sollen Sie nicht länger warten. Mordillos Spiel ist angepfiffen. Es wird Sie begeistern – und alle anderen Fußballfreunde in aller Welt.

Ihr Pelé

© MORDILLO

© MORDILLO

© MORDILLO

© MORDILLO

© MORDILLO

© MORDILLO

7
2
9
© MORDILLO

© MORDILLO

© MORDILLO

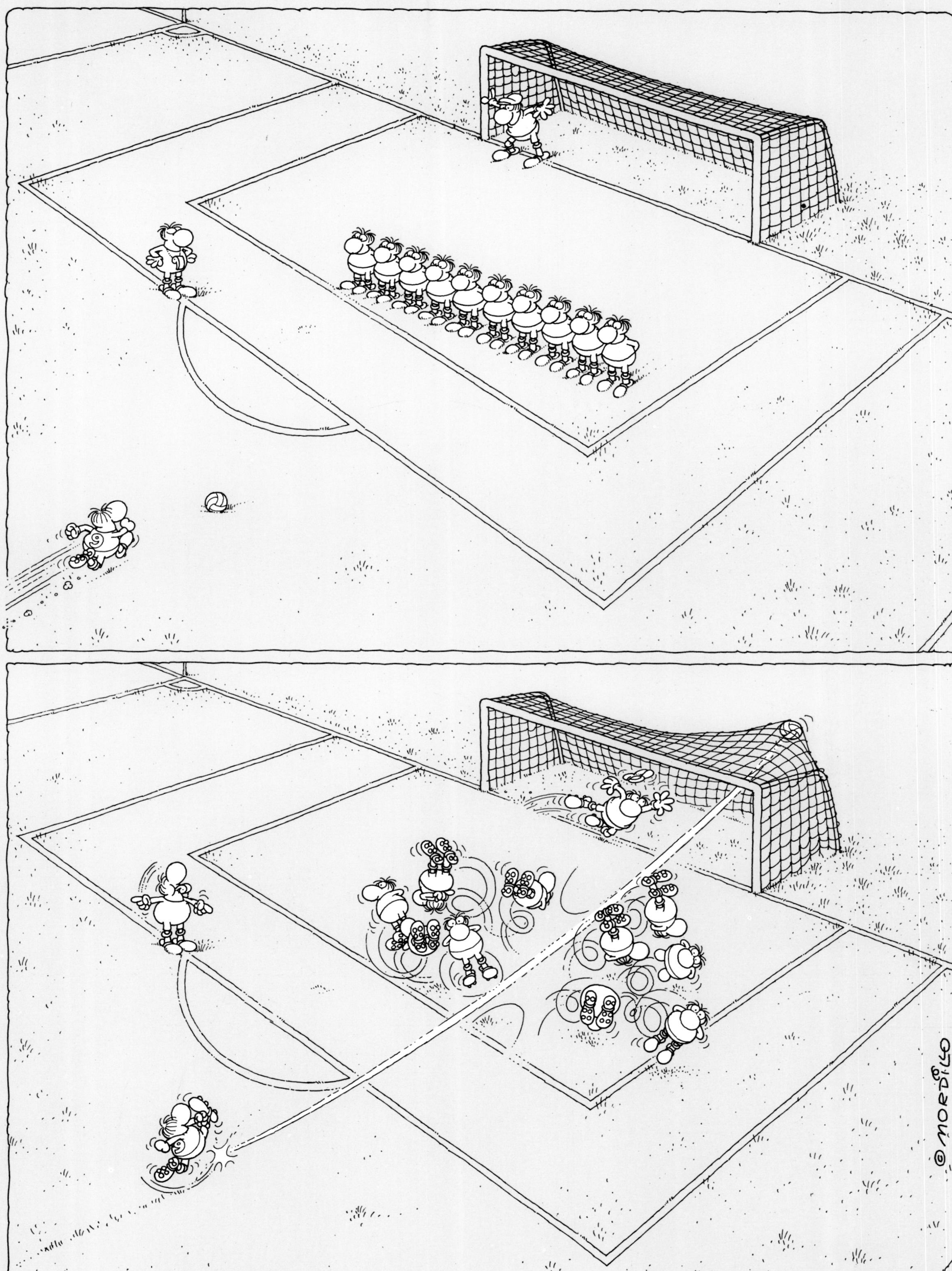
© MORDILLO

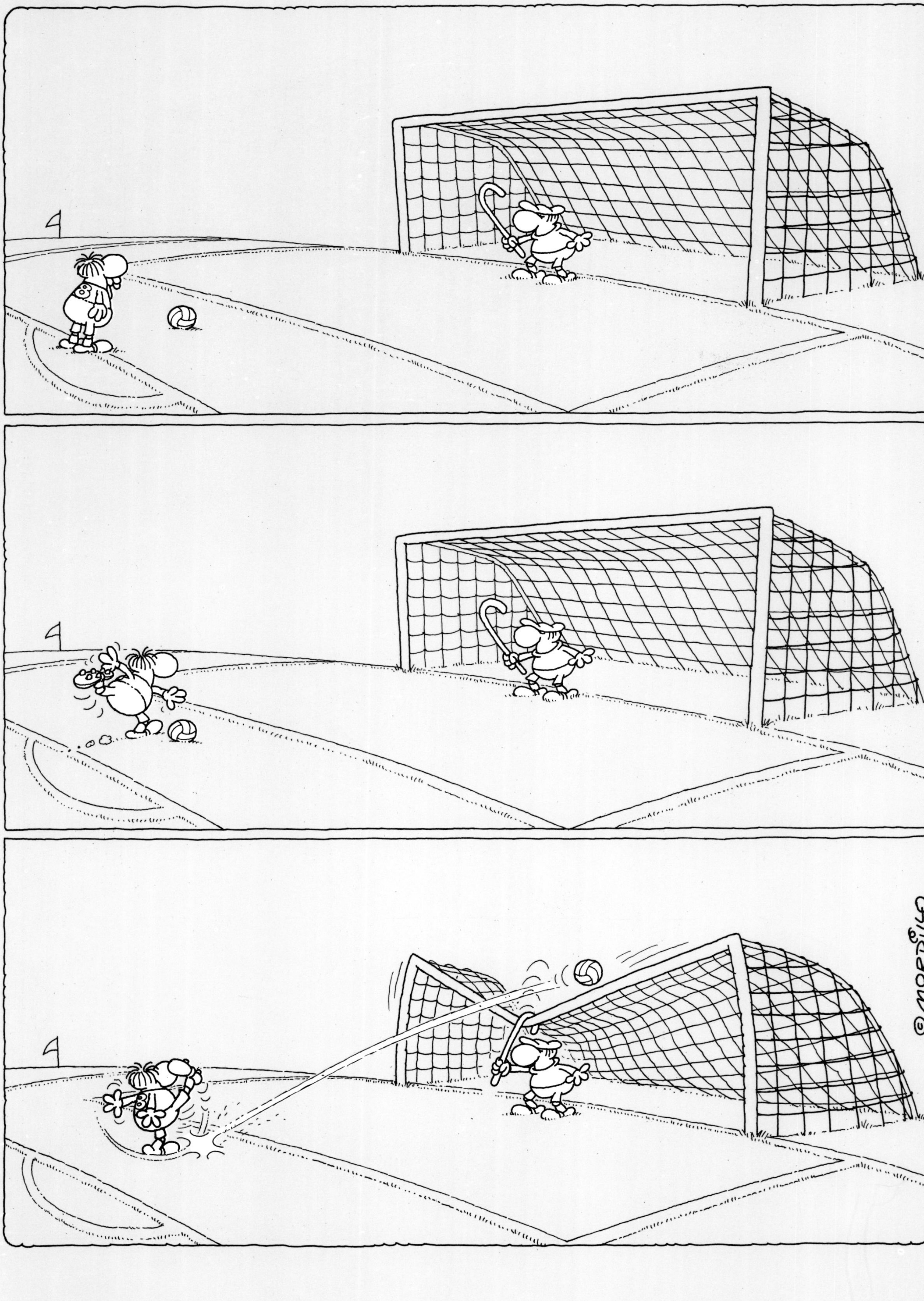
© MORDILLO

PTSS!
© MORDILLO

?
© MORDILLO

© MORDILLO

© MORDILLO

© MORDILLO

© MORDILLO

© MORDILLO

© MORDILLO

© MORDILLO

©MORDILLO

© MORDILLO

© MORDILLO

© MORDILLO

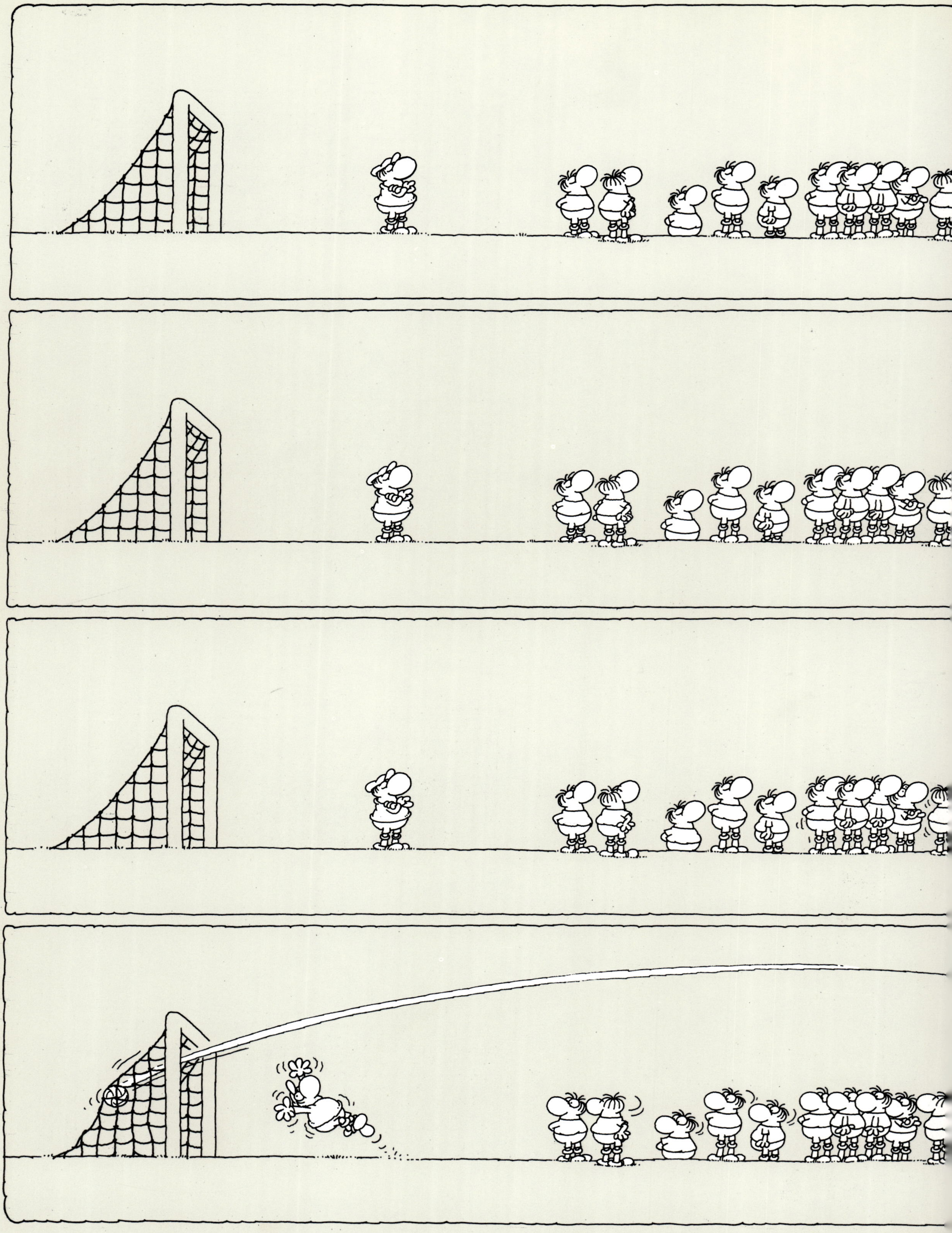

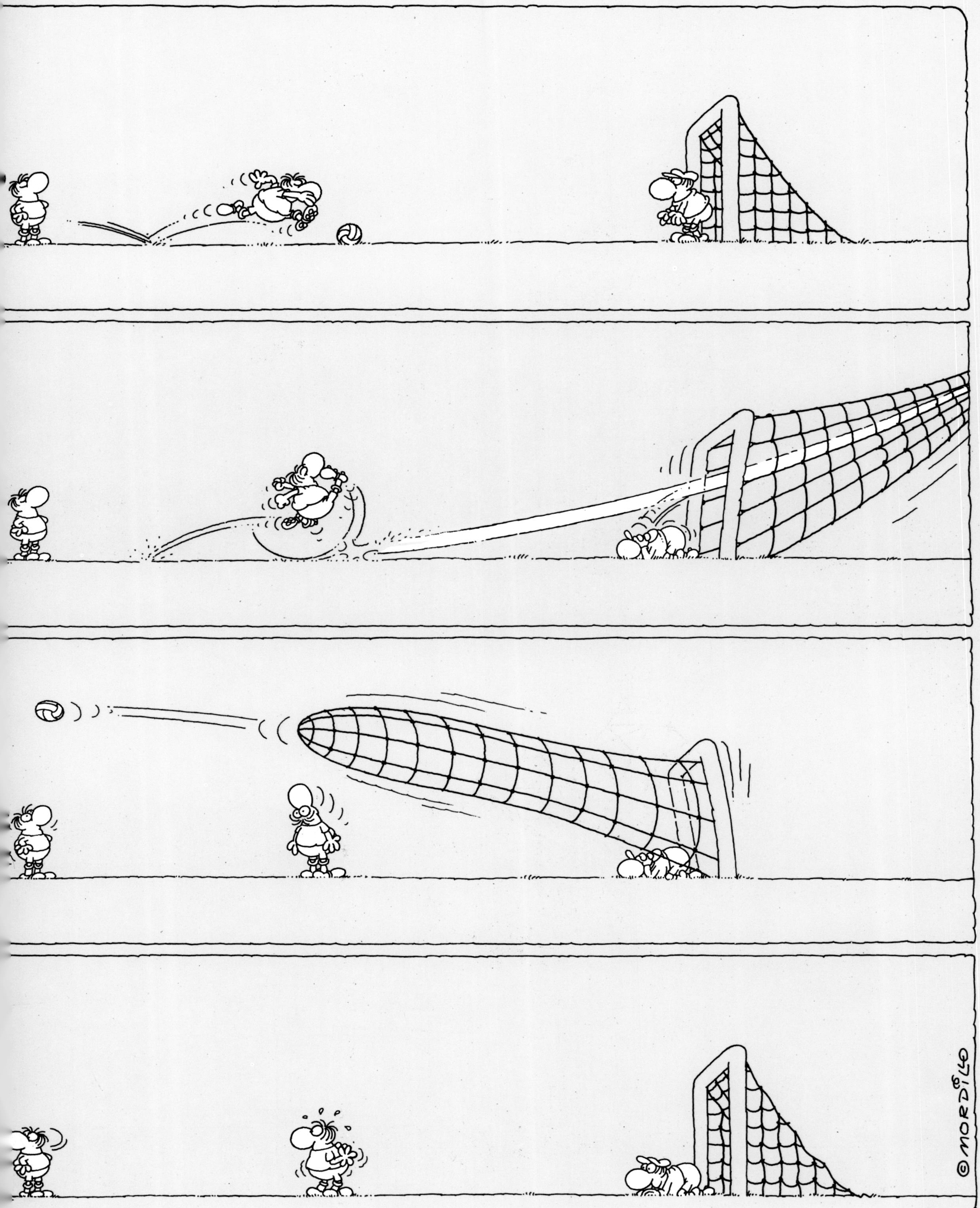
©MORDILLO

© MORDILLO

© MORDILLO

© MORDILLO '81

© MORDILLO

GOOL!!!
© MORDILLO

CHERRO
MÜLLER
GANCELLI
KEMBES
SIVORI
ROBERTO DE VICENZO
GABELLINI
ARDILES
BENKENBAUER
PLATINI
MAZZOLA
KEEGAN
SEVERINO VARELA
FIRENZE
MENOTTI
ROSSI

VILLA PUEYRREDON
RC
DI STÉFANO
FANGIO
MARADONA
MAMÁ
ZIRALDO
MUÑOZ, MORENO, PEDERNERA, LABRUNA Y LOUSTAU
OTTO
DIAZ
ANDREASCHIO
LACROIX
CRUYFF
PZSS
VILAS
MANOLETE
TOM BLAU
VILLA BALLESTER
DENIES
MARRAPODI
PELÉ
BOYÉ, CORCUERA, SARLANGA,
SANTOS
© MORDILLO

© MORDILLO

© MORDILLO

© MORDILLO

© MORDILLO

© MORDILLO

©MORDILLO

© MORDILLO

© MORDILLO

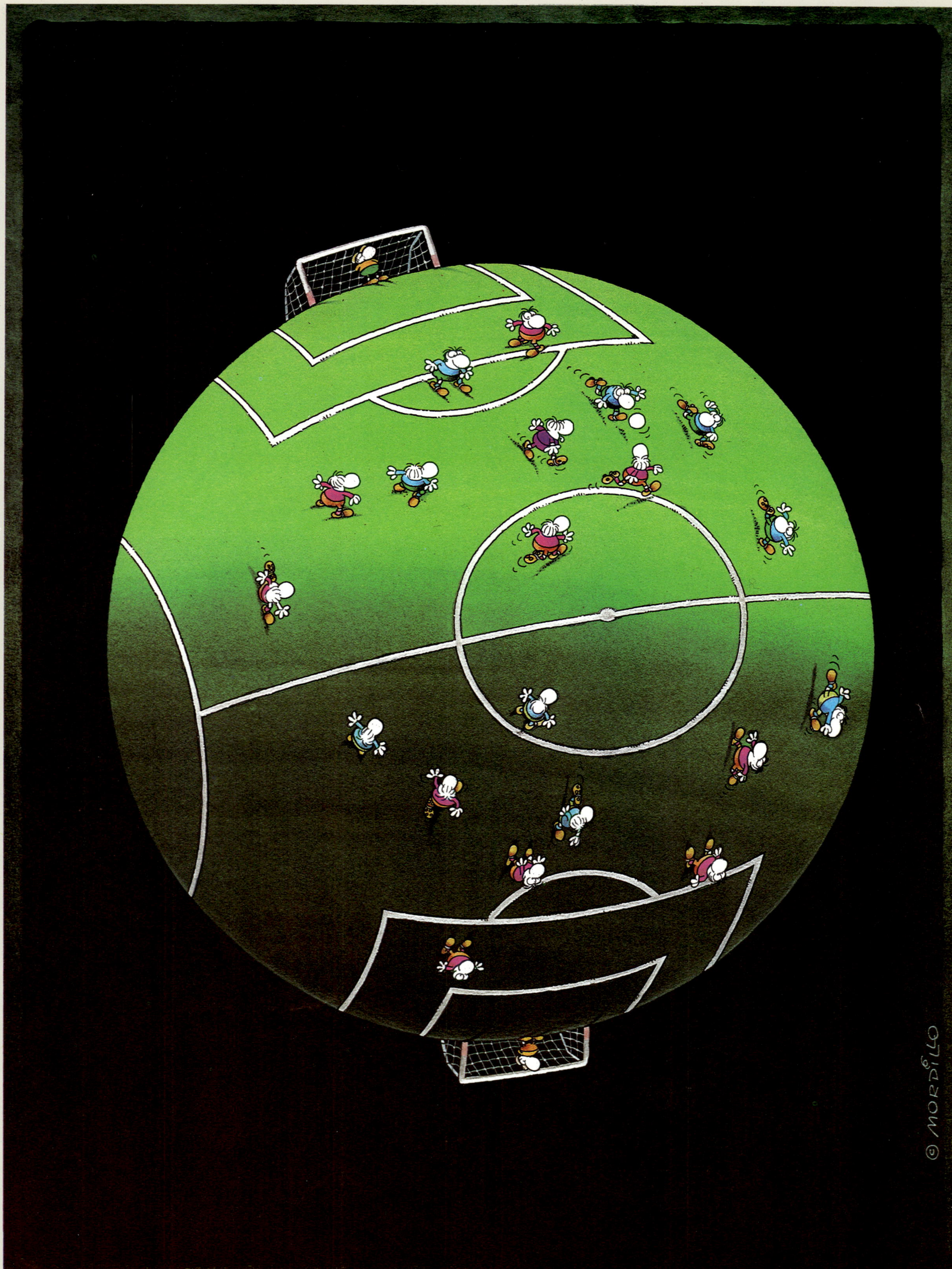
© MORDILLO

CLIC
CLIC
CLIC
CLIC
CLIC
CLIC
CLIC
CLIC
CLIC
CLIC
CLIC
CLIC
CLIC
CLIC
CLIC
CLIC
©MORDILLO

CLIC!
© MORDILLO

© MORDILLO

CFCO
CFCO
CFCO
CFCO
© MORDILLO

TOC
© MORDILLO

© MORDILLO

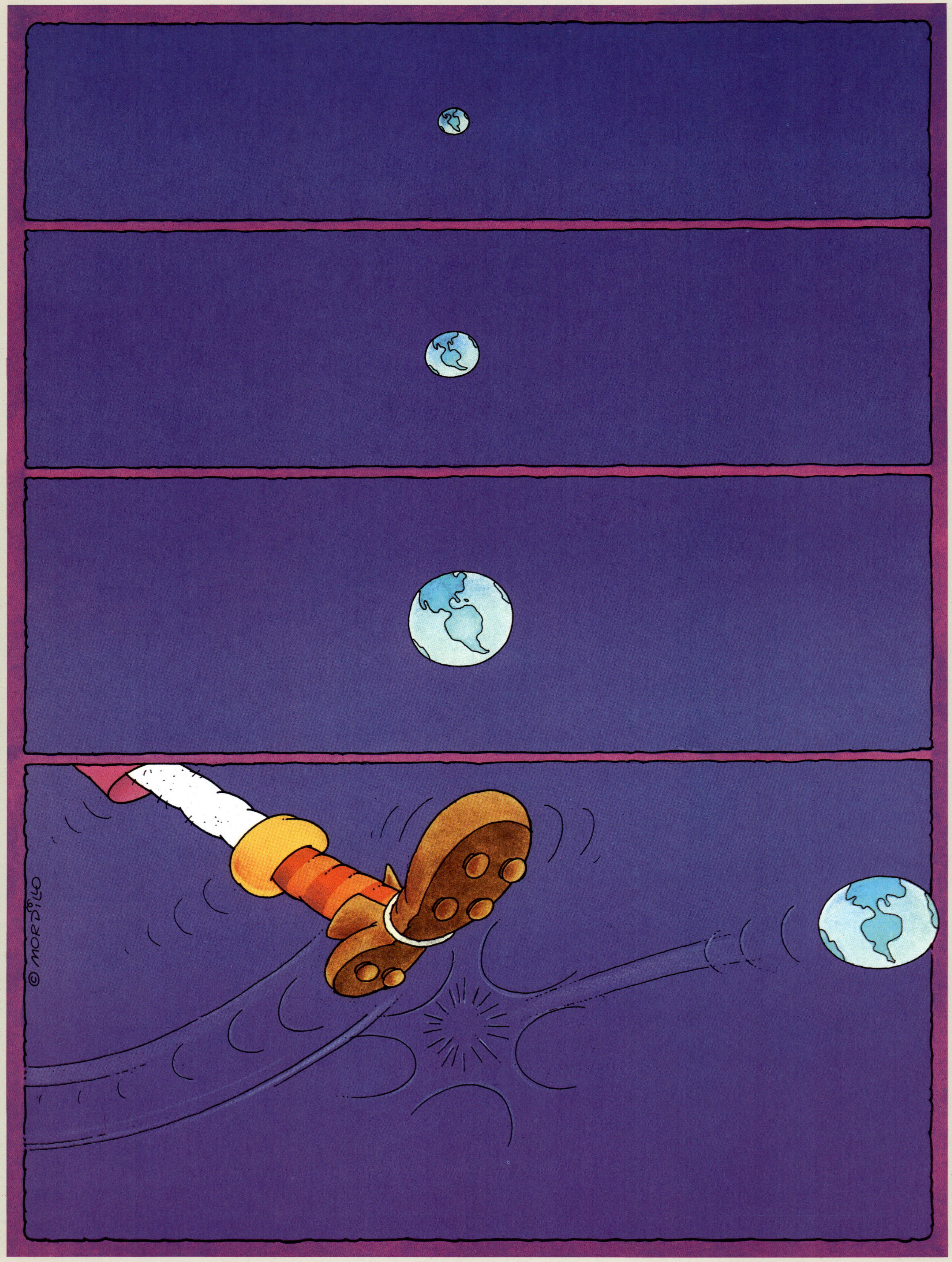
© MORDILLO

© MORDILLO

© MORDILLO

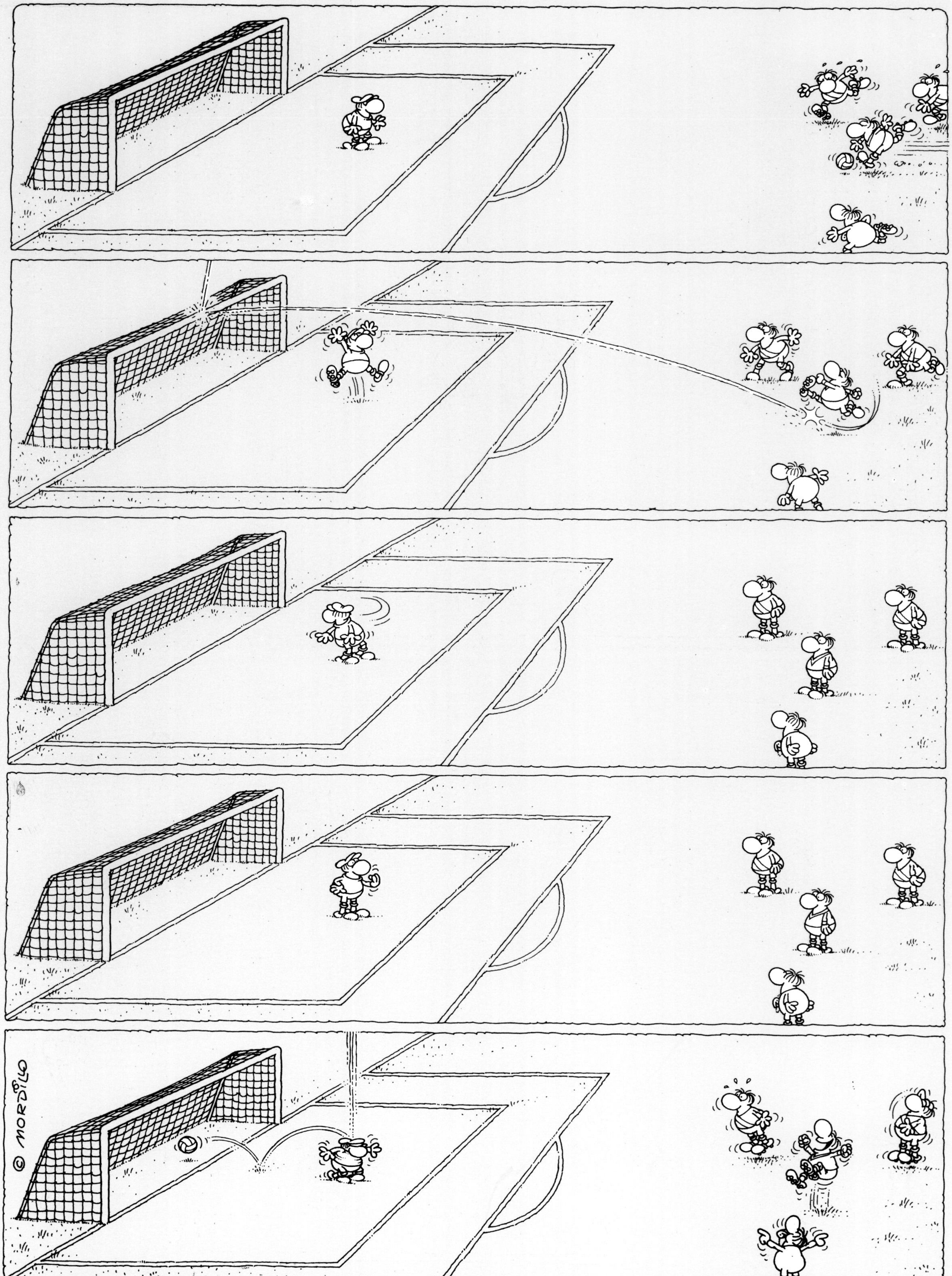
© MORDILLO

© MORDILLO

© MORDILLO

© MORDILLO